A TOI, MAMAN CAMEROUN

(Poems in Honour of the Cameroonian Woman)

Tikum Mbah Azonga

Langaa Research & Publishing CIG
Mankon, Bamenda

Publisher:
Langaa RPCIG
Langaa Research & Publishing Common Initiative Group
P.O. Box 902 Mankon
Bamenda
North West Region
Cameroon
Langaagrp@gmail.com
www.langaa-rpcig.net

Distributed in and outside N. America by African Books Collective
orders@africanbookscollective.com
www.africanbookcollective.com

ISBN: 9956-791-97-0

Dedication

This book is dedicated to my uncle and guardian
Pa Peter Ndah Geh Tamo
Who knowingly and willingly
Put aside a thousand and one pleasures
And made a million sacrifices
Just to give me an education

Through his interaction with the women around us
He implicitly taught me how to
Appreciate the woman
Mother, grandmother, sister, daughter
And wife.

Even in the life beyond
May he accept this book
As a token of
My humble appreciation.

A Toi, Maman Cameroun
(Poems in honour of the Cameroonian woman)

«Dieu créa l'homme à son image, il le créa à l'image de Dieu, il créa l'homme et la femme» *Genèse* 1: 27

"So God created man in his own image, in the image of God Created he him; male and female created he them." Genesis 1:27

Femme damnées

Nos femmes souffrent
Elles souffrent beaucoup
Victimes de la sous scolarisation déjà
Elles font l'objet de mutilation génitale
Et de mariages précoces et forcés.
A la maison, leurs maris les confinent à la cuisine
Aux réunions du village
Elles siègent à part
Au lieu de service
Elles se voient confier
Les postes subalternes

Mother for ever

I love my mum
I really do
I would do anything for her
I would hand her my school bag
My life
My all
Surrender them to her
If it came to that.

Table of Contents

Acknowledgements

We would like to thank some persons who were very instrumental in the evolution of this book. First Lady Chantal Biya was the first person to purchase my previous book, *Say No to Aids*, a collection of poems half of which are in English and the other in French. Thanks to that seed of encouragement, support from other institutions sprang up.

My gratitude also goes to Jean Claude Awono, National President of the Yaounde-based *La Ronde des Poètes du Cameroun* to which I belong. Jean Claude bears the responsibility for my having been 'injected' with what I call the poetry writing germ when I first met him ten years ago. Today I write poetry obsessively and at the least opportunity.

When it came to putting this work together, I benefited greatly from the rich professional experience of the following persons: Mr. Djobia Jean René, Regional Pedagogic Inspector of French as a First Language in the South West Region; Mr. Fonfo Mbiydzela Aloysius, Regional Pedagogic Inspector for the teaching of French to Anglophones in the South West Region, both of whom made useful suggestions. Mr. Fonjie Peter alias 'The Master', Head of the Literature Department at Government Bilingual High School (GBHS) Mutengene graced me with constructive literary criticisms of the work. My "twin brother", Mr. Tangie Suh-Nfor, currently Principal of Government Bilingual High School, Bamenda, has always been a valuable source of literary inspiration to me. My other "twin brother" and age-mate, Yuhninwenkeh Oscar Kamchu, stood by me when the going was tough. I remembered some the experiences I shared with my childhood friend, Daniel Ngwalum Nibalum and recast them in the form of poetry.

I will of course be eternally grateful to Dr. Nalova Lyonga, Deputy Vice Chancellor in Charge of Teaching and NTIC at the University of Buea, Prof. Joyce Endeley who is Director of Academic Affairs at the University of Buena, and Dr. Lotsmart Fonjong who is Vice Dean in the Faculty of Management and Social Sciences at the same University. They pointed me in the right direction when I was stuck. Incidentally, all three of them have a hand in the teaching of gender and women studies at the University of Buea.

Introduction

The idea of writing a book of poems on the woman so that its publication coincides with Woman's Day, struck me rather late —in fact, it came at the eleventh hour. So when I started writing the poems, I barely had a month to go before the arrival of the month of March in which the Woman's Day falls. Yet I could not resist the urge to write the book because of the little but persistently nagging voice within me refusing to go away until I obeyed it. So I immediately got down working without.

There could be no turning back. After all I had gone through a similar experience before, when writing the collection of poems, *Say No to Aids*. Interestingly both books have a lot in common. They are collections of poems on specific themes- one on the woman and the other on HIV AIDS pandemic. For each book, half of the poems are written in English and the other on French, without any poem being translated from one official language into another. Such an approach to publishing is unusual in the sense that it ushers in a new dawn in bilingual publishing in Cameroon. Until now, bilingual publishing in the country which uses both French and English as official languages has consisted of reserving a section of the book to the text in French and another section for the text in English. Our approach consists of grouping together poems according to sub topics.

A Toi, Maman Cameroun (poems in Honour of the Cameroonian Woman) is our attempt to capture the Cameroonian woman in particular, and the woman in general, from different perspectives. It is an effort to take a snapshot of her as she goes about her daily chores and lives her fair share of life in a world dominated by her male counterpart. However, as some of the poems argue, the woman is also the bedrock of the family and, whether we like it or not, the pivot of society. As such the woman is an unavoidable partner in everyday life, which is therefore not surprising that some observers have termed her "a necessary evil".

This book can be used in a number of ways, all of them rewarding. Some of the poems, for example, can be used as slogans, some acted as plays and others used as source material for listening and written comprehension exercises in the classroom. Furthermore, Anglophone learners can be made to improve mastery of French by working on French poems drawn from the book, while the Francophone counterparts are made to perform similar exercises on the poems in English. Readers will find that the collection includes poems for users at different levels. This means the package is all inclusive and therefore takes into account the taste of junior pupils, senior pupils, secondary students and university students, as well as adults.

The poems are written such that the readers can pick and choose poems for classroom treatment or for reading for fun. This method ensures that the reader is not bored. For readers who are not use to poetry because they find it intimidating, there is good news: poetry is not the mystery it appears to be. If, while reading this, you are still in doubt, then ask yourself why when you read the holy book, you understand it without having done poetry. Perhaps it is the name, 'poetry' that scares some people when they look at a poem. Nonetheless, there are basic points new comers to poetry will have to bear in mind when reading poetry. Anyone including you can apply those principles when reading this anthology of *A Toi, Maman Cameroun* (Poems in Honour of the Cameroonian Woman).

Professor Linus Asong suggests that the following points are taken into account for a better understanding of poems: the experience the poet is describing, what that experience represents for the poem, the thoughts and feelings of the poet, the rhythm of the poem, its tone, the imagery and figures of speech used, the subject matter of the poem, as well as the function and quality of words and sounds employed therein. Finally, the reader may want to find out what was the intention of the poet in writing the poem and to what extent the poet succeeded in doing that. Another question the reader may want to ask himself or herself is to what extent the poem connects to his or her own personal experience.

As we conclude this introduction, we do not pretend that we have exhausted all there is to say about the woman in general or the Cameroon woman in particular, or even the subject of poetry as a whole. However, we fervently hope that after reading the poems, readers, students and teachers of women issues or poetry will go away satisfied that they can now understand and appreciate the work of poetry better than before. Finally, we trust that the woman to whom the collection is dedicated will find the book a useful companion.

Woman as object of love

Femme, objet d'amour

"For God so loved the world that he gave his only Begotten son…" John 3: 16

"Car Dieu a tant aimé le monde qu'il a donné Son fils unique…. Jean 3: 16

1. Pour toi, maman

Je te prie, maman
D'accepter de moi
Ce petit bouquet de fleurs
Comme symbole de l'amour
Que je porte en moi
Pour toi et rien que pour toi.
Que tu sois en pays flamand
Ou en Haute Sanaga avec toi
Sois sans gêne et surtout sans heurts
Car nos peines sont aussi les leurs
Sache que je suis avec toi comme la sentinelle
Fidèle, alerte, incorruptible, mais surtout avec toi.

2. Mum means gold

I love mum
I really do
I would do anything for her
I would give my life for her
I would hand her my school bag
My life
My all
Surrender them to her
If it came to that
Totally
Unconditionally.

If she wants, I will the river bird hum
Or string the dance for two
If she wishes I will read the bible for her
Or teach her the meaning of *guten tag*
After all, how did I get life?
If not through her and her call
Without her I couldn't go this far
So is not that a small price to pay her sake?

3. Femme Camerounaise

Femme Camerounaise
Femme du Sahel
Femme tropicale
Femme équatoriale
Femme aquatique
Femme rurale
Femme urbaine
Je suis fier de toi.

Tu es omniprésente
Tu es le macrocosme
Tu es source de vie
Tu es vie
Ton nom est vie
Tu es l'alpha et l'oméga.
Je t'aime.
Unique
Brillante
Savante
Belle
Jolie
Ravissante.

Aucune femme ne te dépasse
Tu es plurielle au singulier
Tu es singulière au pluriel
Voilà pourquoi après Dieu
C'est toi.

4. Measures of love

If love could be weighed on a scale
If only it could be measured
I would go out right now
And fetch myself a pair of scales
And at once know what I'm worth.
But since God's world is not for sale
Love remains furtive and elusive, though treasured
It's therefore not enough to make a vow
We should always carry it in bales
Or in ounces like in Pelforth.

5. A maman disparue

(A toutes les mères disparues)

Où es passée maman?
Moi, je la cherche
Et où qu'elle se trouve ici bas
Je finirai par la trouver.

Sûrement le monde n'est pas si méchant
Je vois sur la table, son bouton, sa perche
J'entends encore ses géants pas
S'il le faut, je vais me prosterner.

6. Demande d'explication

Tu peux ne pas me croire
Cela m'est égal
Je le dirai haut et fort
Car, comme jean Marie le Penn
Et Jean Marcel Mengueme d'ailleurs
Je dis toujours tout haut
Ce que tout le monde pense tout bas.
L'eau ne coule plus sous le pont
Pourtant la faute ne revient par aux femmes
C'est aux hommes du village
Et rien qu'à eux
Qu'il faut adresser la demande d'explication
Mais il faut le faire avant minuit
Car à minuit le patron prendra sa retraite.

7. Homage to a patriot

In spite of a past I abhor
And a society that has vomited me
I stand very tall and thee adore
For without thee would I be on bended-knee?

8. Mon petit aveu

Cette douleur de l'amour
Cette douleur très piquante
Que j'ai toujours ressentie pour toi, ma chérie
Finira par me tuer.

Pourtant, tous les jours, je vois le beurre tout autour
Et étant à la recherche d'une nouvelle vie coagulante
Je suis condamné à te rester fidèle comme par plaisanterie
Je me suis dit qu'il fallait finalement l'avouer.

9. Bouquet parfumé

Voici, pour toi, ma petite Edith
La simple missive d'un pauvre amant qui t'adore
A défaut de nous rendre au Zénith
Nous irons à Kribi, même si la mer reste incolore.

10. Bags of love

You are my love
The only woman in my life
Everything is nothing
If in the end you forget completely
Where your umbilical cord was buried.

We can play hide and seek together
Fly Christmas kites at Easter
At the end of the day
When mother numbers our school bags
Only mine will be unaccounted for.

11. Dernière ligne droite

Pauline
Tu es ma lumière
Tu es ma lueur d'espoir
Tu es mon arbre de vie
Tu es la vie.
Tu es ma vie
Alors pour l'amour du ciel
Sors-moi d'ici
Ne vois-tu pas?
J'ai les yeux bandés
Et les Oreilles bouchées
Tout simplement par ce que
J'ai osé t'aimer.

12. Baptême de feu
(A Sandrine, étudiante avisée de la Faculté des Sciences de l'Université de Ngaoundéré)

Il y a un truc qui m'a choqué
Et je pèse bien mes mots
Ce n'est pas la langue de bois des politiciens
Encore moins la parole d'évangile de monseigneur
Non, tant s'en faut
C'est la fausseté de l'amitié
C'est l'hypocrisie de ceux que vous pensiez droits
C'est l'ingratitude de ceux hébergés chez vous
C'est la trahison de l'homme par son bras droit
C'est le coup de poignard de celle
Qui détient la clé de votre chambre.

Fred était mon meilleur ami, ami d'enfance
Voire mon frère, frère de sang
Après le Bac, se trouvant bloqué, Fred reste au village
Moi je pars en ville, à la Cité.

Je travaille au cyber
Ennuyé, Fred se joint à moi et ensemble
On prend des contacts pour lui
Un jour il obtient son visa: destination Europe
On fait la fête chez moi avant son départ
Mon frère part en Europe.
 Nous sommes en haut!
Mais erreur monumentale
D'abord pas de lettre, ensuite pas de réponse.
Aujourd'hui, c'est le comble. Lisez plutôt
«Monsieur, vous vous trompez de personne
Je suis français et je n'ai jamais été au Cameroun
Je ne m'appelle pas Fred
Moi c'est Jean-Pierre
Alors cessez de me harceler, de grâce! »
J'ai encore sa lettre entre les mains, confus
Sidéré
Ebahi
 Interloqué
Bouche bée
Amorphe.

14. Chanson de Roland?

La poésie pour moi
C'est la nuit
Ce n'est pas sûrement le jour
Laissons le jour au jour
Car ainsi va la vie.
Elle est à la fois
Nuit blanche et nuit éclairée, celle qui nuit
Toutes les fois que je suis dans ma tour
Je l'ignore intégralement malgré le four
Alors elle s'agite pour faire signe de vie.

15. Woman from Malabo

(For Ntsama Martine, the ravishing Equatoguinean I met in Bamenda)

I'm living right here in Bamenda
And happily so
Far away from my native Equatorial Guinea
Did I miss my way? No.
Was I hijacked? No.
Was I hoodwinked? Not at all
I wasn't pushed, neither did I ever jump
I just walked.
I may be a woman
But I made it, whereas some men got weak at the legs
I came here to Bamenda, all alone.
In search of greener pastures
I enrolled at Laureate's which is the dream
Of many a Guinean young lady
Today I'm a laureate in Laureate's
And I'm also happily married
Married to a Bamenda man
I have learned English
Back in my country
I would sell like hot cakes
But I'm not going back there
Except for a visit
I'm here to stay
You don't change a winning team
Besides, I have met my man
The man of my life.

16. Dreamland girl

(For Opal, the opal-shaped girl from nowhere. She was going somewhere in a hurry. But I managed to stop her.)

Here comes the one and only dreamland girl
Though on land she may not well dream
If you doubt her quickness
Then match it with orange juice bottles.

17. MaÏmouna, Reine de l'Adamaoua

(A Elisabeth de Mbe)

N'est pas reine qui veut
Encore moins qui peut
Non, la royauté est un noyau
Un clan, une tribu, une ethnie de loyaux.

On ne la devient pas, loin de là
On naît, purement et simplement dans l'au-delà
Notre race vient du lion, avant, avant même la Sainte Vierge
Délille, Shaba, moi- même, c'est ici notre siège.
On me dit jolie, belle, ravissante, irrésistible
Je n'en sais rien, sauf que Dieu est inestimable
Voilà pourquoi, que ce soit à Mbe ou au nombril
Je lui rends toujours hommage sans jamais être fébrile.

18. L'amour

Trop c'est trop
Je veux t'aimer
Et t'aimer vraiment
T'aimer fermement
T'aimer vigoureusement
T'aimer amoureusement
T'aimer tendrement
T'aimer passionnément
T'aimer affectueusement.

Je veux même te garder
Gauchement
Maladroitement
Bêtement
Eperdument
Grossièrement
stupidement
Sottement
Follement
Qu'importe?
L'amour est fou.

19. Raz de marée

(A Clarisse Ngono Ateba)
La haute marée de là-bas |
Qui casse avec impunité
Le mur de béton
Si longtemps brimé
N'est roi que de nuit.
Ce double coup bas
Qui a tant infligé le clergé
N'est qu'un début de solution
Alors, quand rentreront les princes déprimés
Même le roi aura fui.

20. La fille de loin

(A Perpétue, la déesse du cabinet du secrétaire
Général au Ministère de la Culture à Yaoundé. C'est
le journaliste chevronné, Antoine Marie Ngono, qui a
dit que les gens du Cabinet ne parlent pas.)

Je vous trouve gentil
Mais de grâce, ne perdez pas l'appétit
Je suis la fille venue de loin.
Etant donné qu'au Cabinet, je détiens les secrets du patron
On me dit libre, mais vraiment pas comme l'électron
Je ne suis que moi-même, Perpétue
Ici pour m'assurer que l'œuvre du patron se perpétue.
Vanité, me direz-vous peut-être
Soit, mais moi je ne suis qu'un autre être
Nous sommes engagés, et là je ne vous apprends rien
Repartis pour faire le plus grand bien.

La voiture n'est nullement la torture
Voilà la raison pour laquelle tous veulent une voiture
La vie de l'homme est courte
A moins de partir en tenant sa croute.

L'autre jour j'ai dit à ma voisine
Avec qui je suis dans la même tontine
Le nom du dernier maestro
 Cette chanson que j'ai apprise à Paris dans le métro.

Pour elle c'était une mauvaise blague
Mais dîtes, ne la trouvez-vous pas un peu vague?
Je sais que vous ne m'avez vue qu'une fois
Au bureau, mais rassurez-vous, je ne suis pas sans foi.

Par conséquent ma réponse sera toujours la même
Non, je ne vacille pas. Je suis constant, la madone même
Ceux qui me disent belle
Sont tous prêts à mourir pour moi, comme Hell.

Ici au bureau, mes collègues mâles
Ne me laissent pas respirer, même lorsque je suis pâle
Dans la rue, les tètes se retournent
Ils ignorent que Perpétue n'est pas une fille à ristourne.

Si vous voulez mon mot de la fin,
Je dirai que chez l'homme tout est vanité, tellement il est vain
Fidèle jusqu'au bout des ongles que moi je suis
Je place mon tout entre les mains du bon Dieu. Eh oui!

21. Route barrée

Ce week-end, on oubliera tout
On recommencera à zéro
On partira à la case départ
C'est mieux comme ça.
Mais n'en faisons pas un drame fou
Souvenons-nous de Pédro
Paris ne l'a-t-elle pas sacrifié comme rempart?
Comment pourrons-nous encore nous rendre à Bata ?

22. Ambiance Cadencée

Demain c'est mon anniversaire
Ne l'oublie pas
Car je suis cancer
J'ai subi des pertes sèches
J'ai écopé des années de peines lourdes
J'ai côtoyé des canards déchainés en chute libre
Voilà pourquoi je n'entends pas recommencer.
Je ne suis pas le lapin, encore moins le frigidaire
Mais j'ai bien deux oreilles et un plat
Pourtant pour avoir dirigé le foyer
J'ai aussi bradé la pèche
Voilà pourquoi nous reviennent nos mères sans gourdes
Alors pour cet anniversaire de fibre
Je réclame à cor et à cri des ambiances cadencées.

23. Children in love

(For E. and T. of Muea)

This is the love of my life
In it I pride myself and thank my star
Here at King George where we stand
Everyday the Earth spins on its axis
And the wheel of fortune in our favour revolves.

In a country where strife is rife
My Thelma and I are a cut above the bars
We crisscross the continent with our rand
Together we dream, we fly and we view the praxis
With faith smiling at us, how can we be poles?

24. The art of love

(The credo of an Aries woman named Susan)
I don't share, I own
And I own totally
And that's it
No compromise
No half measure
All or nothing.
What does it matter if I am alone?
I'll always reckon with the tally
Love it or lump it
I defy all girls to ditch promises
And find their own treasure
  That's when they will know the meaning of loving.

25. Témoin à part entière

(A Gisèle Onguéné, la fille à l'oreille fine)

Le soleil est un témoin silencieux
En tout temps et en tout lieu
A Tignère comme à Tibati il se couche tard
Sans tenir compte de l'interminable fanfare.

Oublions les tableaux de Velasquez à la Chapelle Sixtine
Oublions les cours de philosophie divine
Est-ce par hasard que le soleil nous surplombe?
Fortifié par la sève de la Vina il vibre sur plusieurs ondes.

Par rapport à lui l'homme n'est rien, sinon le néant
C'est le mystère et le macrocosme insignifiant
C'est la face cachée de Dieu non revêtu
Voilà pourquoi il se casse et se reconstitue.

Il peut paraitre lointain et insignifiant
Mais rien ne lui échappe jamais, tellement
Il est omniscient, omniprésent et omnipotent
En matière de Dieu, rien ne lui est si ressemblant.

26. The bottom line

(Joy of a lost love)

Great wishes, or better still, kisses; not another ball.
That's all I need
From anyone who will heed
That's the bottom line, no near misses.
I may not have listened to the BBC today
But at least I was at the cyber
That`s where once more I met my man of a tiger
So now, more than ever, I must make hay.
Life being what it is
I'm not in the least surprised
That the one I must prized
But lost, has returned with a rider of his.
Now that we are back together at all
We must not be put asunder
That's why when I sit and ponder
Its wishes, or better still, kisses; not another fall.

27. Destination zéro

Moi je pars à la fête
Avec toi ou sans toi|
Mais avec confiance
Je marcherai la tête haute
Me gardant bien de bluffer
Pas d'indécence en cours de route
J'irai tout droit au Palais des Congrès
Pour y retrouver mes égaux
Mes semblables
Ensemble, on fera l'affaire.

28. Grand merci

Merci pour les baisers
Mille fois merci
Mais comme qui dit merci, demande plus
Je suis là, planté, figé, immobilisé
Au seuil de ta porte
Je suis là depuis hier soir
Et je ne partirai pas
Jusqu'à ce que tu reviennes
Me donner un autre baiser.

29. Séparation du corps

Je rêve de toi
Et je transpire
Femme de ma vie
Ma moitié
Bien que loin
Je sais que tu es avec moi
A mes côtés.
Au même moment
Tu es loin, si loin
Quelle torture !
N'eussent été pour les enfants
Je me serais joint à toi
Dans ce monde de contes de fées
Si proche
Pourtant si loin!
Hélas!

30. Clin d'œil à ma petite princesse

(A Huguette, la Princesse du Huitième Etage à Mballa II)

Huguette, je te guette
Avec mon bâton de commandement
Et cette baguette magique sans requête
Tout ce qui compte c'est le rendement.
Je n'ai ni bouquet ni parfum
Pour redorer le blason de ce mannequin sans précédent |
Tout ce que je possède ce sont mes vers sans fin
Que ce soit en amont ou en aval, je te pressens.
Le monde est vraiment petit
Mais pas trop petit pour ce grand mannequin
Peut-être qu'un jour las d'attendre à l' infini
J'enverrai dans une bouteille flottante mes vers
d'arlequin.

31. Fille sans fugue

(A Lucie)

Dans la vie il faut savoir
Exploiter ses moments de joie
Comme le font les princes en quête d'oies |
Afin d'asseoir sans doute le pouvoir.
Ce n'est pas par hasard que je me nomme Lucie
Mon grand-père est parti bras ballants.
Car ce jour-là le ciel était peu savant
Aujourd'hui de toute façon je sais dire merci.
On me dit charmante et belle comme la lune
Je n'en sais rien. Seul Dieu le sait
Peut-être que mes rires font fondre les hommes comme du

beurre Camlait
Mais que faire? C'est mieux que la lagune.
Un soir lorsque le chat blanc passera
Je me lèverai d'un coup
Je prendrai mon conducteur et le chapeau passe-partout
Et sans préavis au chef d'édition je fuirai vers Sankara.

32. My journey up
(PCC Moderator, the Rt. Rev. Dr Nyansako-Ni-Nku, appreciates his wife and mother)

My wife is a paragon of virtues
Virtues so many I can't count
But why bother, when even the hair on my own head
defies me?
God's blessings can indeed be innumerable
Just like his numerous beings and creations
His ways are wondrous and virtuous and righteous
That's why I remain internally indebted to the Almighty
Jesus, my boss the Jewish carpenter graced me with my
Grace.
Then I look back and forward, I see virtues
Grace, my implacable companion, and my comforter
My friend, sister, mother, shoulder, and knee
We come a long way but remain humble
Before Grace, there was mother, an incredible
Tower of strength
Both women have lifted me high, very high
Grace being the pillar and mum the foundation
The Almighty, the alpha and the omega, caps it all.

33. Demonstration time

Sweetheart, lie back in my arms
And let me give you the cuddle of your life
You are my dinosaur, my dove, my rose
You are my Atlantic Ocean
My rhythm and blues.
Now, let's go on a wild treasure hunt
And see who finds the treasure trove
Come with cathedral notes and Foumbot tomatoes
Bring your sports shoes for a dance
But above all, lie back in my arms.

34. Parents with an ear to the ground

The money got missing
As I walked to the market, chatting with my friends
That's why I vowed not to return to my parents.
I made an abandoned hut my secret abode|
Then as I lay down to sleep one night
Mother said in a dream: son, money is nothing. Come home
When I got returned, she and dad embraced me
And no one said a thing about the money.

35. Regards croises

Passe-moi ton corbeau languissant, maman
Je sais qu'il est tout ce que tu as
Mais oublies-tu son tronçon énorme
Comme celui de la fille de Zeus?

Ivre de vin de palme
Et las des triptyques figurées et défigurées
Il finira par trouver sa place parmi les siens.

36. Marche à deux

Donne-moi ta main, cette main d'or
Ma bien-aimée, mon parfum de Paris
Et laisse-moi te lire mes poèmes sans plaisanterie
Dans les nuages du bonheur des plus forts.

37. Sémantique de l'amour

J'aime, mais moi je ne suis pas amoureuse
Je m'adresse à tous ces hommes aux yeux grotesques
Qui vivent dans des maisons dévêtues et archaïques.
La place de choix revient toujours à l'amoureuse |
Que tous ces hommes qui se précipitent sur les
Murailles arabesques
Sachent que la femme est fragile
Sinon je vais les renvoyer relire voltaïque.

38. A dance for two

Dear angel of my heart
Come with me, the king of the jungle
You are my forest queen
Come with your hair undone.

When the clock strikes ten and I wave the chart
Stay quiet so we don't bungle
This game is only for the keen |
Those who want to do what Napoleon left undone.

39. Notre petit secret

Je vais me lever et sans pression aucune
Partir au bord du lac
Objectif : te faire un poème, un autre
Je vais te composer un poème plein de métaphores
Des vers filés bercés par cette voix d'ange
Et propulsés par le bâton du pèlerin.

Pour le moment
J'ai un contretemps
Je flotte, je plane, je me cherche
Enfant prodigue que je suis
Je ressens le vent fort de l'Ouest
Seule une bonne dose de vin de palme
Me remettra sur le droit chemin.

40. Parole d'évangile

Celle-là se redressera et se prosternera devant moi
Comme il se doit
Il n'y aura ni bousculade ni coercition.
Ce n'est pas une vision illusoire
Encore moins une perspective ludique
Il ne s'agit point de parodie
Encore moins de farce.
Ce n'est pas une vision de l'ère poste-pouchkine
Mais sans légendes, sans soleils éclectiques
Bien que rurale, j'ai lu Marx et Voltaire et le Cardinal
Je côtoie le chef et suis militant du parti.

41. The relay baton

When the time comes, I'll go
It's only fair that a play that opens also closes
Besides, the young must grow
That's why we must decrease
So that they increase.

42. Sérénade sur le sable

Je me rappelle ce jour-là
Je me souviens de toi et de moi
Ton odeur de parfum
Et tes pieds d'or.
Tu as posé la tète sur mon bras
Et moi, tout fier, comme l'enfant bélier

Je tentais de fredonner notre hymne d'amour
Le Christ a bougé ce jour-là.

43. Le retour de maman

Je ne suis ni griot, ni Madame Soleil
Je n'ai pas de boule de cristal
Mais une chose est Claire
Maman reviendra
Elle rentrera comme elle est partie.
La mort ne peut pas être aussi méchante que ça
Qu'a-t-elle fait pour être si lourdement sanctionnée?
Qu'avons-nous fait pour être si profondément
humiliés ?
Je sais que maman reviendra, je le sais bien
Car dieu est trop bon pour être méchant.

44. Causerie à deux

J'ai vite senti ta présence
Proche de moi
Comme une voile
Et j'ai vite compris
Les raisons de tous les murmures
De Monsieur l'ancien ministre
On a causé
On a bavardé
On a dialogué
On a conversé
On a discouru
On a papoté.

On a jasé
On a babillé
Tout cela dans la clandestinité
On s'est souvenu du prêtre martyr de 270
On a évoqué le dernier septennat du président
On a rappelé les dons de chocolat et de cartes ornées.
J'ai même pensé à Aurore de Brazzaville
Et son manteau de fourrure
Et le temps qu'on avait passé ensemble
Au quartier Mont Ngali
Mais aujourd'hui, sache que c'est toi qui comptes.

45. Far from the urban throb

The rural woman is a joy to know
She is close to nature, talks to nature
And knows all the tricks of crops and animals
She grows and consumes organic foods.
Your heart would leap at her simplicity
She has nothing to hide
Her man loves her because she respects him,
Children are part and parcel of her daily décor.

46. Le rendez-vous

Mon chéri
Rentre
Tu peux rentrer
J'ai pris toutes les dispositions
Un bon repas
Composé de truites, de taro et de pommes de France
Je t'ai servi du bon vin blanc
Celui que tu adores tant.
Viens, alors
Rentre
Sans métro, ni bus

48. Vue d'ensemble

J'ai entendu sa voix
Cette vieille voix rauque et imprégnée
Emu, j'ai tremble
Car années était une vraie chicotte.
J'ai pense au Mahatma et a son oie
Et sa cohorte de reporters résignés
Soudain le ciel a volé en éclats, vexé
Et tous les gosses ont réclamé leurs biscottes.

49. My elixir

Your love is a balm
And I treasure it
I need it when I'm hurt
And again when I am in high spirits

50. Love contract

Dear, I'll never leave you
Come rain or sunshine
There's one thing I ask for
Love me now, tomorrow and for ever.

51. Cadeau empoisonné

Quelque part dans ce monde
Et j'en suis persuadé
Il existe une madone qui m'est propre
Fabriquée à dessein pour moi
Pour le moment elle reste coite et elle attend
Fidèle à la tradition de sa race
Elle ne fera jamais le premier pas.

Elle a horreur de la corrida sur les ondes
Pourtant elle adore la chanson de Missé, olé! olé!
Lorsqu'elle aime, elle ne peut plus rompre
Elle est constante et dure comme la noix
Mais elle donne, librement, esthétiquement et poétiquement
Seulement, j'ignore sa position d'en face
Alors, comment faire le premier pas?

52. Méditation
(Mémoires de France)

Je l'attendais sous l'arbre
Tout seul
Fidèle au rendez-vous
Je rêvais de ses lèvres extasiées
Je rêvais de son art éclectique
De ses manières divines
De ses regards foudroyants
De son allure majestueuse
Mais surtout de son sourire narquois et laconique

J'ai invoqué la voix de mes ancêtres
Leurs rites traditionnels
La danse des canards
Le tramway de Tourcoing
Le métro automatique de Lille
Les douces eaux de mon Doubs natal
Et la somptueuse cour d'Etoudi.

53. Mum's farm

I know mum's old farm
Although she is gone
It lives forever
I still see her tilling the soil.
But today everything is weed-infested
One of these days, I will pick up my tools
March in and bring the invaders to book
Then will I feel forgiven.

54. En avoir le Cœur net

Femme
Je t'envie
Tu es le point de mire
Tu es trop jolie, trop belle
Et tout le monde s'intéresse à toi
Et à toi seule
C'est comme si nous, on n'existait pas
Franchement ta part du gâteau est trop large.

Suis-je devenu l'albatros sans manne?
Je vis à la fois, ici et loin d'ici
Loin du champ de tir
Ce qui manque c'est le label
Pourtant je crois avoir choisi la bonne voie
J'infuse le tilleul, toujours le tilleul
Je connais bien la Guinée pour avoir été à Bata.

55. Semence de minuit

Dieu merci
J'ai encore la vie sauve
Il est vrai que j'ai perdu mes lilas
La berceuse de maman
Les cantiques de mon épouse
Les tickets de Porte des Lilas
La symphonie de grand'mère
Et le porte-monnaie de mon infirmière.
Mais remercions le bon Dieu pour la vie
Plus jamais je ne deviendrai fauve
Et plus jamais je ne retournerai à la Porte des Lilas

De peur d'être traité de Feynman
Je préfère encore Toulouse
Par ce que là, je ne serai jamais las.
J'appelle cela
La semence de minuit.

56. Femme à part entière

Ma Chérie, je pars
Je m'en vais
je te quitte
Mais tu resteras toujours gravée dans ma mémoire
Jamais je ne t'oublierai
Ton Bonheur c'est mon Bonheur.
Je t'écrirai souvent
Je te composerai des vers chaque jour
Ma petite princesse
Bien que dans la diaspora.
Tu es ma femme
Et tu dépasses largement les autres
Les femmes libérées
Les femmes freudiennes
Les femmes mythiques
Les femmes royales
Y` a pas match.

57. l'Art d'aimer

Aimer pour moi
C'est souffrir
Souffrir et en mourir le cas échéant
C'est à n'en point douter
Poétiser ses moindres émotions
C'est aussi
Côtoyer, toucher, mesurer, apprécier
C'est se donner, se sacrifier, s'éclipser.
Tour cela et plus
Sans condition, sans arrière pensée
Sans subversion, sans trahison, sans légendes
Finie l'épopée moyenâgeuse
Bonjour les Tics
Voilà pourquoi moi
Je suis amant pastiche
Compagnon multiforme et hétéroclite
Vous savez, on ne le dira jamais assez
A bon entendeur, salut.

58. Amour profond

Ma Chérie
Je veux tout te donner
Tout. Tout ce que j'ai
Sans rien retenir. Sans lésiner
Peu importe
Je ne vis que pour toi
Parce que je t'aime.
Tu es mon amour
Tant adoré, tant adulé, tant vénéré
Si pur et si précieux
Je rêve à tes petits bisous
Tu es ma déesse de pétale
Tu es mon cadeau de Saint Valentin.

Sache que je suis un type organisé
Je procède par opération chirurgicale
Car nous vivons dans un monde d'aigrettes
Ou l'arbre de la justice, quoi qu'on fasse
Tourne toujours carrément au ralenti.

59. Confidences

Je veux te témoigner mon amour
Je veux tout te dire
Te parler sans ambages
Je vais te déclarer cette émotion très forte
Avec la harpe
Avec le cours d'eau s'il le faut.
Je vais te faire couler des flots
Des lots de rivages angoissés
Pense un peu à la cène
Et du pauvre Christ au milieu
Pense à la sève du futur pape
Et à la fresque détrempée de Michel-Ange.
Dimanche tu me donneras ta réponse.

60. Petit prince devenu grand

Je ne suis pas le prince charmant
Je le sais bien
Mais devant ma mère je suis un prince
D'ailleurs je me nomme prince
Non, pas le musicien
On ne peut pas tous faire la musique
Prince de moi-même
J'ai accepte volontiers mon baptême de feu
Et ses pires épreuves.
Je sais que dans la vie
Chacun doit porter sa croix
C'est ce qu'a fait la boulangère
Et avant elle, le pauvre forgeron

Et avant lui, le vieux qui vivait dans la grotte de la
Vina
Ce que j'attends maintenant
C'est l'échelonnement de la Fonction publique
Viendra-t-il ou passera-t-il à côté
Comme les droits à la retraite de mon vieux ?

The price of sex
Le prix des rapports sexuels

«My wound grows foul and faster because of my
foolishness."
Psalm 38:10"

«Mes plaies sont infectées et purulentes, à cause de
Ma folie. »
Psaume 38:10

61. The bottomless pit

Although sex is sweet
It's also bitter
If you use it as wheat
Your sorrow will flow like a river

62. Papa, victime du sida

Cher André
Comment vas-tu
Mon petit prince?
Comment vont tes études?
Et Paris?

Je suis couchée
Je suis alitée
Allongée
Etendue
Neutralisée
Terrassée
Battue
Vaincue
Rendue K.O.
Renversée
Perdante
Prise au dépourvu
Choquée

Je t'écris pour te dire que je m'en vais
Je me retire
Depuis que je t'ai écrit

Ma maladie s'est empirée
Ce qui a motivé la présente communication est que
Le médecin vient de me voir
Et sans rien me cacher
La mère était avec moi
Et comme tu peux bien imaginer
Elle est dans tous ses états.

Mon fils.
C'est le sida qui me finit comme ça
Eh oui !
Le sida !
Il faut bien le craindre
Car c'est la pire des maladies
Elle bouleverse
Elle ravage
Elle dévore
Elle ruine
Elle dévaste
Elle pille
Elle dépouille
Elle rase
Elle ronge
Elle grignote
Elle croque
Elle anéantit.
Mon fils
Méfie-toi de cette pandémie
Beaucoup plus encore, revois ta façon de vivre
Je te conseille vivement d'éviter les rapports sexuels
Jusqu'à ce que tu sois marié
Ne tombe pas dans ce piège.

63. Stop HIV AIDS

Come children, all of you and listen
My time is up, but before I go
I have a message for you: I'm dying of AIDS
At first I hid it
Later it became obvious from my appearance
Children, be careful, even if you are ten
I don't want you to stoop so low
Don't deny the existence of HIV AIDS
Before your very eyes, I am dying of it
Go for your test and only then can you get
Deliverance.

64. Adieu, Maman
(Un fils mourant du sida se confie à sa mère)

Maman,
S'il te plaît, pardonne-moi
Comme tu le vois bien
J'ai les larmes aux yeux
Je te plains, ma chère maman
Car je te quitte
Je pars
Je m'en vais
Le moment est venu.
Je m'en vais, maman
Mais je suis rempli de honte
De déception
De désillusion
De contrariété
De déboires

De rancœur
De dégrisement
D'amertume.
Maman
Je sais que je t'ai déçue
Je n'ai pas brillé de par mon mode de vie
J'ai eu des rapports sexuels avec de multiples Partenaires
Je n'ai pas suivi tes conseils
Aujourd'hui, je paie les pots cassés
Maman, ne pleure plus
Prends soins de papa et de mes frères et sœurs
Et prie pour moi, s'il te plait
Ne cesse jamais de prier pour moi.

65. Obituary 1
(Death from HIV AIDS)

Name: Fewungong A. Akombassa
Sex: Female
Age: 17
Place of birth: Bolongoass
Profession: Upper Sixth Student
Date of death: 1st of February 2009
Cause of death: AIDS through heterosexual sex.

66. Obituary 2
(Death from HIV AIDS)

Name: Ekoun Bah Neng
Sex: female
Date of birth: 07-03-1980
Place of birth: Lower Mandrake
Profession: Truck driver
Date of death: 10-02-2009
Cause of death: Multiple sexual partners.

67. Obituary 3
(Death from HIV AIDS)

Sex: Female
Date of birth: 24-07-2007
Place of birth: Mabonga II
Profession: Infant
Date of death: 08-02-2009
Cause of death: Mother-to-child transmission.

68. Fais ton test
(Conseils d'une mère à sa fille)

Ma chère Hermine
Bonjour
C'est maman qui te parle
J'ai bien reçu ta lettre
Tu dis que ce n'est pas le sida qui te ravage ?
D'ailleurs, tu es avocate et non médecin
Ma fille, ne laisse rien à la chance.

Aurais-tu déjà oublié ce qui est arrivé à Odette
La fille de nos voisins ?
Tu sais qu'elle niait toujours le sida
Et à la fin les médecins ne pouvaient plus la sauver
Car il était déjà trop tard
Vas faire ton test
Si le résultat est positif
Les médecins vont s'occuperont de toi
S'il est négatif, tant mieux !
Quoi qu'il en soit reste assuré que ton père et moi
On sera toujours à tes côtés
Tu vois donc que
Tu n'as rien à perdre.

Woman as foundation
Femme, mère fondatrice

"In the beginning there was the word and the word
Was with God, and the word was God."
John 1:1

"Au commencement était la parole et la parole était
Avec Dieu, et la parole était Dieu."
Jean 1:1

69. Maman

(A Onana Etoga Jean Bernard, fils de la Lékié qui
Pleure sa maman à longueur de journée.)

Ma mère a souffert pour moi
Même lorsque nous étions sans toit
Chaque fois que le coq chantait
Elle fondait en larmes et pleurait.
Je la plaignais, ce petit bout de femme
Qui était tout pour moi et en tout temps
La violente pluie n'a pas pu l'éteindre
Alors, jamais à son égard je ne pourrais feindre.
Tout ce qui est sur terre est éphémère
C'est-à-dire sauf deux personnes: ma mère
Et le tout-puissant grâce à qui elle vit
Alors, quelque chose peut-il prendre le pas sur la vie?

Que je m'appelle Onana ou Etoga ou Jean Bernard
Qu'importe? Jamais je ne serai clochard
Car maman m'a tout donné sans grogne
Aujourd'hui je suis une grande personne sans vergogne.

70. The soft things

(For Edith of Soa)
This thing is soft until!
It doesn't matter which way you stand
Or how you handle it
It's just the same
Soft! Soft! Soft!

Not even Prof. Ngwafor can bend the will
Even if we take his word for the wand
The only way you can circumvent it is tilt it
But don't be aghast if given a nickname
Just make sure that it's not another Ashcroft.

71. A friend in need

I want to be your witness
And one with a difference
I will stand by you through thick and thin
Prop you when you recline
Perk up your spirits when they are low.
I will be by you side when you most need company
Just for your sake, I'll go the extra mile.
But promise me one thing:
That when the time comes
You will also write my name in the golden book.

72. Moi, femme Camerounaise

Moi, femme Camerounaise
En cette journée mondiale de la femme
Je vous salue
Au nom de tout ce que représente la femme
Mère, marraine, sœur, infirmière ou épouse
L'alpha terrestre.

J'ai connu les années de braise
Avec une grande conviction dans mon âme
Malgré tout ce que j'avais lu
Pourtant je suis restée femme
On me traite de mauvaise épouse
Mais c'est tout comme
Sans nous le Cameroun perdrait ses prêtres.

73. Cercles concentriques

Toi qui a osé défier maman
Quoi que tu penses
Quoi que tu fasses
Quoi que tu dises
Au delà de ces paroles en l'air
Qu'y a-t-il au fond ?
Est-ce le fond du dossier d'Alain Belibi
Est-ce le dernier son de cloche?
Ou le fonds de commerce de Duhamel
Si Lille est-elle trop loin pour toi
Un jour je connaitrai la raison
Maman me la dira
Et toi, tu n'y comprendras rien
Car le mariage n'est pas à sens unique
Tout ce qui monte doit descendre
Toi tu descendras
Et nous on sera déjà en bas
Au bas de l'échelle
Pour t'attendre.

74. Conseils à une sœur

Ma chère sœur, il faut savoir tourner la page
Une femme n'est pas un oiseau dans la cage
Elle peut être la dernière fille en ville, sur le
Macadam
Mais elle cherchera toujours ses tam-tams.

75. Maman à Paris

Je t'amènerai à Paris, Maman
Un jour tu iras à Paris
Toi aussi tu connaitras le pays de Molière
Celui que Napoléon a aussi battu
Tu fouleras le sol de la France
La terre de nos ancêtres les Gaulois.
La mère de Victor comprendra enfin
Que Paris n'est la chasse gardée de personne
Et que personne ne peut y avoir de monopole.
Par endroits tu respireras l`air de Charlemagne
Comme l`oiseau libre, tu te rendras
A l'Arc de Triomphe, la victoire de la révolution
Et au même moment, la folie des hommes
Au Sacré Cœur, les fresques de la Cène
A Notre Dame, de jolies cartes postales et la présence
de Marie
Tu découvrirais la Seine par l'Elysées
Pour que tu puisses observer le Président de la République
Entamer sa journée
On n'oubliera pas de traverser Paris plusieurs fois par
métro.

76. Happy woman's Day

Mum, sweet mum, like home sweet home
Today is your day
Rejoice then, and give thanks to the lord
For he is good and bounteous
He has preserved you in his infinite wisdom
From one Women's Day to another
Making your womanhood greater, stronger and wiser
And like Mrs. Thatcher, it goes on and on and on.

With you I have no trouble with my foam
That's why I always make hay
That's why I am always on board
I like neither food nor gardens that are sumptuous
Neither do I deride my fondom
You are always stuck up with fodder
So even if we had to dine with Robin Hood
I would always back you like an appetizer
Today is your day, so go on and have some fun.

77. La fille prodigue

Que le seigneur soit loué
Car ce jour, je suis comblée
Sabine ma seule et unique fille
A décroché son diplôme
Elle aussi elle a son diplôme
Enfin moi aussi je peux me faire entendre
Parmi mes égaux.
Le chemin a été long
Depuis que son père est décédé
Il y a treize ans
J'ai souffert
J'ai supporté
J'ai enduré
J'ai peiné.

Les gens se sont moqués de moi
On m'a traité de tous les noms
On m'a même traité de fille de pute
Par ce que je n'avais rien
 Et je n'étais rien.

Aujourd'hui tout a changé
Et je suis en haut
On n'est que trois au village
Avec des enfants diplômés
Et ça c'est quelque chose.
Ce n'est pas rien.
Merci, Sabine.

78. Among us women

For God's sake, what does it matter?
Shall we women for ever walk backward?
One step forward and three steps backwards
Or shall we for once jump?
I may not be the best mother
But I honestly hope I am not awkward
Although I may look like a coward
Nowhere on me will you find a lump.

79. Maman
(A ma mère, Prudentia Azi Mbah, de regrettée mémoire)

Tu es partie, maman
Il y a des décennies
Mais pour moi ton bébé adulte,
Tu es à mes côtés
Tu m'allaites toujours grand garçon que je suis.
Je ne t'oublierai jamais, maman.
Car je ressens toujours ta tendresse inouïe
Nous voici encore une fois à la messe
A la recherche de l'eau vivante
Je suis assis à tes côtés
Loin du regard inquisiteur de l'hameçon.

80. Nostalgie

Florence, je rêve toujours de nos troncs communs
De nos randonnées à la baisse
Je rêve de nos escapades du samedi soir.
Flore, je te revois coudre les cousins
Je t'entends répéter le vieil adage
Et moi je te laisse refaire tes tresses
Conjointement, nous prendrons le bateau, cap sur
l`Atlanta.

81. La femme

La femme est un être pas comme les autres
Mélange, amalgame, métissage, pastiche
Elle reste une véritable mosaïque.
Primordiale dans le cosmos
Elle incarne la lune, l'eau et la nature.
La femme est tout ce qu`il y a de plus
Poétique, esthétique, déictique, eternel
Elle connait à fond Bamunkumbit et Biwongbané
Tout comme Moliwe et Tcholliré.

83. Le sac à main

Ce précieux objet de la femme
Est beaucoup plus qu'un objet
C'est un lieu de lutte
Lutte intestine
Lute pour le pouvoir
Véritable épreuve de force.

C'est un espace asymétrique dans le temps
C'est un parallélisme concentrique et électique
Avenir de l'homme comme le dit Aragon.

84. Advice to a daughter

Child, you are all I have left in this world
I lost your dad
I have no other child but you, my daughter
Don't bring us into disrepute.
Father isn't wrong when he says you're pretty
Although I have nothing against him
Always remember that he too is a man
Get him from a distance.

85. A chance victory

I found the courage
And for once shouted out my response
There was silence, total silence
Then the chairman responded:
"Give him seat number seven
And find him an appropriate lady
He is our best man".

Woman as fountain of wisdom
Femme, source de sages'

"Because it is written: be far I am holy'."1 Peter 1: 16

«Car c'est écrit: 'vous serez saints, car je suis Saint'. » 1 Peter: 16

86. Conseils à une sœur

Ma chère sœur, il faut savoir tourner la page
Une femme n'est pas un oiseau dan la cage
Elle peut été la dernière fille en ville, sur le
Macadam
Mais elle cherchera toujours ses tam-tams.

87. Only virgins

I don't know the way
But I know the day
So if the foolish virgin fails us
Then I let depart without fuss.

88. Torchons et serviettes

Tous les arbres ne sont par les mêmes
Il y a les arbres de noël et les arbres d'Adam
Tous comme toutes les femmes ne sont pas les mêmes
Il y a les femmes sésame et les femmes tam-tams.
Alors, ne les mets pas dans le même panier.

89. The standard bearer
(For Queen Elizabeth)

In with a bang
And off to a flying start
That's the winning formula
For me, God's lowly handmaid
With a touch of royalty

As the icing on the cake
I wasn't names Elizabeth because I sang
I was so named because I was smart
And because being a queen, I'd be regular
So this was one big egg mother laid
Call it destiny, but not fatality
Otherwise she might get up and begin to rake.

90. The pastor's wife

It wasn't the pastor
No, it was his wife
Just as it was not the deputy
It was the sheriff.

Her favorite oil was castor
At a time when gossiping was rife
And the type face in vogue was sans serif
That's how the pastor's wife became the deputy.

91. Phone call to the Lord Mayor

When the light goes out
And it doesn't matter when
Tell her the truth
Tell it like it is
Holding nothing back

Spill the beans.
But when you finish the rout
Ring up the mayor of Bamenda III
For ever, forget Harlem

Remember the first port of call wasn't Ruth
But copy out her frontispiece
And post it on the notice board of the Fac
The only ones to turn up will be the disillusioned
Queens.

92. The as a late starter

Women are definitely in a class of their own
Although they may be left behind in the race
Don't be too sure they won't pick up the trace
They know that whatever the men have is their own.

93. Put to the test

Whatever you do, even if you do nothing
You will still be criticized
If it's not your size, it your breasts
Or you're legs, or your dress.
If you believe you aren't anything
You may soon be ostracized
Into a world where all you see are chests
To win the battle, you must not undress.

94. The name of the game

I shall never stand up with chains binding me
No, I shall rise and break free
It's not a jigsaw puzzle
If it was, my sums would have added up long ago.
Now that it's algebraic equations
There's little point for dialectics or logic.

So whatever you decide, dearie
Make sure you agree
Because with just a little drizzle
You can spoil the soup and end a foe
Check every small print and the attendant questions
If you win, it can be anything but magic.

95. A bridge too far

This is the dreamland girl's sister
She knows all about pudding at Easter
So if you think you are the next bishop
Then never will she come to your shop.

96. Savior handbag

I know a missing bone when I see one
And I mean every word of it
That's why when I trip on a stone
I rush for my handbag.

97. Secret des dieux

Je suis dans un lieu secret
Ici, il n'y a ni animalité vierge
Ni trace de décalage infini
Il n'y a que la crise de la conscience car
Le monde a accouché d'un monstre hideux
Qui gagne toujours
Le fameux système des valeurs est bafoué
Non par ricochets et par ampliation
Mais par brioches et par intimidation
C'est donc un monde à sens inverse.

Pour équilibrer l'équation
Il faut chercher la femme
Mais pas n'importe quelle femme
Il faut chercher celle qui est arrivée ce matin

Pour partir demain et revenir le lendemain
Il faut chercher celle qui connait le chant des vautours
Celle qui égrène des strophes intarissables
Sans y glisser la narration fiévreuse
Et surtout celle qui n'a jamais vu
Le linceul du christ, de notre pauvre Christ.

98. High tension

Nobody comes closer now
Not even you
Stand back from the porch
And let the lead sink.

99. Le bilan

J'observe à longueur de journée
J'observe l'envol des oiseaux de mauvais augure
Je regarde le miel du roi
Fondre comme au premier jour
Une véritable chronique de l'insouciance.
Bonheur, squelettes, symbiose, métamorphose
Ont tous volé en éclats
Et la seule chose qui reste
C'est un dictionnaire monolingue de figures du
Discours
Métaphores
Métonymies
Litotes
Chiasmes
Dénotation et connotation.

Moi, j'y reste, sidéré
Tentant de faire un bilan impossible
Voire inconcevable.

100. Me as a Miror
(For Susan of the Synod Office)

I am an intelligent girl, yes I am
And I have no qualms about it
It's a God-giving gift
So to him at all times
And in all places be the glory
I'm neither in reverse nor in recess, nor harm
I'm the sunflower not to forfeit
Here at the Synod Office, there's no rift
The church ensures God's work is headlines.
If he guides me in my research, why worry?

101. Jesus, my all
(For Grace of the Synod Office)

I am full of love and compassion
Those attributes I exude and radiate|
So, I'm upbeat, confident and blessed
That's my backbone and fortress
And if you want to know
My secret is non other
Than my boss, the Jewish carpenter.

102. My shopping list
(A mother's advice to her beloved daughter)

Be courageous in whatever you do
And remember that to tango, it takes two
I may be Virginia.
But I'm not Woolfe, just Virginia.
If you like, that's my shopping list
Once drawn up with due regards for the feast
And in full knowledge of our next concert
Although it won't happen until we concert

103. The catch phrase

Even in heaven
Women count
So, what more of the earth?
Don't get confused by the four-legged ones
Don't get distracted by the flamboyant ones
To get there
Steer a steady course
Think of the herd of cattle from Ngaoundere
And the cobbled house that was evacuated overnight
Let your watchword be
Seven by four.

104. God's woman

I cried out to the lord
And he heard me
Today when taunted for being a woman
I simply say, God knows why.

105. The faceless hosts

We live at the foot of the mountain
We have lived there for years
In fact before the mountain came
We were there
We shall never go away.
Important as we are
You can't see us
You can't hear us
But we see you
And we hear you.

106. Questions galore

Was it me or you?
Who maimed the one-eyed ostriches?
Who fed them with sterile palm kernels?
Who chained the family dog for so long?
Now, who will pick up the pieces?
Who will piece together the broken bits?
Who sent you here anyway?
What a colossal loss to the human race!

Woman as backbone of development
Femme, socle du développement

« But this I say: he who sows sparingly will also reap sparingly and he who sows bountifully will also reap bountifully. » 2 Corinthians 9: 6

«Rappelez-vous ceci: celui qui sème peu récoltera Peu; celui qui sème beaucoup récoltera beaucoup. » 2 Corinthien 9: 6-15

107. Journée Mondiale de la Femme

Je suis fière de ma race de femme
Où que je me trouve je porte en moi cette flamme
Une femme est une fleur,   et non une gamme
Récolter c'est ma profession, même à kassalafam
Naitre pour moi est un devoir de dames
Exaltant, émouvant comme l'hippopotame
Evolué est donc le temps où on était envouté par les
Epigrammes.

Mon souhait est simple
Oh femme! Lève-toi et marche pour le temple
Nuit et jour puisque tes forces sont amples
Disant sourire au visage à qui veut entendre le siffle
Intimité, solidarité, travail constituent notre socle
A moins que tu ne trouve quelque chose de plus souple
Légion est cette confrérie si noble
En cette journée mondiale qui se fête jusqu'à Grenoble

De Yaoundé à Kousseri comme de Yokadouma à
Babessi
Elle doit se lever et faire signe de vie.

Laissons le bavardage et le commérage
A nous l'avenir! Et disons-le sans ambages

Femmes du Cameroun! Femmes du monde!
Ensemble avançons vers cet avenir en faisant des ondes
Même si nos détracteurs nous opposent, brandissons des
frondes
Mère, épouse, sœur ou fille, ne tournons pas en rond
Enveloppons ce beau monde, mais surtout sans trombones.

108. A toi, Maman

*(A Anne Marthe Mvoto, vœux d'un gamin adressés
A Une mère modèle)*

Je suis fier de toi, maman
Tu es mon Eve

Tu es si douce
Comme le miel de brousse

Si proche et si présente, comme l'Ange Gardien
Tu me rappelle les échos hertziens

Tu as toujours été pour moi
Tout ce qui peut y avoir comme foi
Tu es pour moi sur terre
Ce que Jésus est aux cieux pour le père.
Maman, je t`aime.

109. La Kribienne

(A Claude, la kribienne)

Elle est grande et svelte
Juxtaposée entre ciel et terre
Comme des bananes jumelles
Sa chevelure lisse et envoutante
Glisse comme du miel de la plage.
Nuit et jour elle chante la svelte
Dans ses rues multiformes loin de notre enfer
Ses nombreux foyers fascinent pêle-mêle
Et attirent tous les hommes de joie
  Pour un prix que paiera la Cotco d'âge.

110. Test de sélection

(A Aime Robert Bihina, Presentateur de Scènes de Presse a la CRTV)

Le moment tant attend est arrivé
Apprête-toi
Prends tes dispositions pour le saut en longueur
Prends le devant de la scène
Comme dans Scènes de presse
Et prends ta place dan le trafic.
Mais pas de cri, ni de pleurs
Sache qu'il s'agit d'une œuvre morale
Et que même a l'aide du bâton de pèlerin
Personne ne pourra creuser jusqu'à l'infini
Je dis bien, personne
….sauf la femme, oui, sauf elle.

111. Woman of fortune

We are the women of fortune
Not because we are any sea farers
But because we can stretch are bows very far
We can make circles look like triangles
We can turn subventions into flashing gems
We belong to a class of our own
We stand for the sanctity of the woman race.
We are the useful pattern
The hidden hand
The grain that fell on fertile ground
We are the people who despite the fierce
thunderstorms
Took the bull by the horn and stepped into the rainstorm.

112. Woman by vocation

It's not easy being a woman
It's taxing and stressful and full of false rebates
To succeed, believe in God and follow his dictates
Otherwise, you really should be a man.

113. Bonne fête de la femme

Je suis sorti en catimini
Alors, toutes mes excuses
C'est que le facteur venait de passer
Et comme j'attendais le courrier de maman
je ne pouvais pas faire autrement.

Cette mélodie est toujours destiné à toi, ma Chérie
Il est vrai que ce n`est ni le nid
Ni ta voie lactée
Mais c'est ma part du gâteau de la fête.
Accepte-la et fais-moi plaisir.
Bonne fête de la femme.

114. Travail de femme

Casser des pierres
Fendre le bois
Faire la vaisselle
Faire la lessive
Faire la cuisine
Mettre le couvert
Débarrasser la table |
Apprêter les enfants pour l'école
Donner à manger a mon mari
Supporter ma belle famille
Voilà ce à quoi j'ai affaire.

Avec tout ça
Vous dites que je suis chanceuse
Par rapport à la femme non mariée ?
Mais chanceuse comment ?
Ou sont donc mes heures libres ?
Ou sont mes moments de divertissement ?
Toujours essoufflée,
Quand est-ce que je reprends mon haleine ?
C'est dur, dur
La corvée
Les travaux forcés
C'est la prison.

115. Question de temps

(A Barbara Etoa, ainée modèle de la profession)

Aujourd'hui, j'ai fait ma champagne
Mais je n'ai pas pu faire ma toilette
Est au-dessus de la mêlée
Si je ne demande ce que je veux
 C'est que l'on renfloue les caisses.

Rendons à Césaire ce qui est à Césaire.
Franchement, je m'en fous de vos champagnes
Fêtez vos milliards et votre statut de vedette
Continuez à vivre dans votre tour magique
Nous le bas people, on vous observe exaltes!
Laissez-vous emporter par la prétendue richesse
Le glas sonnera pour vous quand surgira l'émissaire.

116. Madame le sous préfet

J'ai vu passer la voiture de Madame le Sous Préfet
En tant que femme je suis fière
Car nous aussi, on est en haut
On commande les chefs de village.

Mais à quand le commandement de la préfecture ?
Faudra-t-il encore attendre vingt ans, Monsieur le
Président ?
Ce que vous voyez n'est que la partie visible d'iceberg
La femme Camerounaise peut encore beaucoup faire.
Alors, faites-nous confiance.

117. Liberté
(A Anne marie Nie la mère de la musique
Camerounaise)

Je veux marcher, marcher et non végéter
Vers une destination sure et certain
Alors de grâce, laissez-moi bouger
Toutes vos tentatives sont vaines.

118. Madame le Ministre dans le Nord

(Le MINPROFF sur le terrain)

Femme de Kousseri
Femme de Mokolo
Femme de Mora
Femme de Maroua
Femme de Garoua
Femme de Poli
Femme de Ngan-ha
Femme de Ngaoundéré

Le Ministre vient vous voir
Et ce sera entre vous les femmes
Elle porte un dossier lourd
Chargé
Pesant
Volumineux
Epineux
Sensible.

C'est un dossier qui vise à donne à la femme
La place qui est la sienne
Madame le Ministre fera d'une pierre plusieurs coups
Sous scolarisation de l'enfant, surtout la fille
Mutilation de la jeune fille
Mariages précoces
Mariages forcés.
Les enjeux sont de taille.
Alors, bonne chance, Madame le ministre!

119. The Cameroonian woman

A woman is a woman
But the Cameroonian woman is one with a difference
She's the one whose home land is Africa in miniature
She's the o0nly one whose country
Can boast of food sufficiency
She's the only one who can switch from French to
 English
And English to French with enviable ease.

But the Cameroonian woman has her shortcomings
She is married to a man who swear by the bottle
For the bottle stream never dries up
Regardless of the season
She is the one who does her best
But its kept down by the male folk
Yet the bread winner she is
Yet they must stay at home to cook for the family
But has no time for her self .

120. Our Buyam Sellams

I am a woman of Cameroon
And proud to be one
I am a family woman
Even if I am also and urban worker
I put my family first
And eclipse myself
For they must increase
And I must decrease.

I rise early, very early
Cook for my family
Prepare the kids for school
Change into my bric-a-brac attire
And rush to the market to buy foodstuffs
Produce just arrived from the hinterlands

I have my suppliers
Those who come to the town to sell to women like me
Goods and money exchange hands
Then I take my money to the Credit Union
Our kind of bank because it belongs to us
Shareholders
And it understands best our kind of problems
In the evening I return home, exhausted
But it's only another day beginning, this time in the
Evening
with its own share of household chores.
The children can help
But only to a certain extent
So I still do the bulk of the work
It's lighter when it's holidays and kids are home
But how many times a year do they come home
Their father, of course, can't be countered on
he has his own idea, his own agenda
His own scale of preference, his own world
It's a man's world.

121. The rightful owner

Alone, all alone
I stoke the embers
I do it thrice daily
For the sake of my mother. |
It was to me she passed on the relay button
She did so just before departing
Three years have passed and although contestants
Multiply
Nobody has the guts to wrench it from me.

122. Hopeless case
(For Nawain Vivian)

What should I put?
An acid for the chemical reaction
Or the faded cap of Bobe Ngong?
And what if Nawain Bih fails us again?

Woman as scapegoat
Femme bouc émissaire

«The lord is my shepherd. I shall not want. »
Psalm 23: 1

"Le seigneur est mon berger, je ne manquerai de
Rien," psaume 23: 1

123. Bourreau

(A Jean Claude Ndi)

Toi qui m'as descendu
Toi qui m'a couché par terre
Toi qui m'a d'abord tourné la tête
Finis-moi alors
Viens donc achever ton œuvre
Œuvre de l'esprit comme tu le dis
Œuvre caritative selon Jean Claude Ndi
Mais un jour tu payeras cher
Tu répondras devant Dieu
Tu lui diras comment tu m'as réduit en esclave
Et moi je serai de l'autre côté
Pour te dire que tu as mal épelé ton nom
Ton propre nom
Quelle honte !

124. The Number One thing

(For Bih Jacqueline)

Love is essential
As vital as air we breathe
Let's not underestimate it
Like the Germans
Who underestimated their enemies
And lost the war.

125. A mother's pains

Is it to me you are talking like that, son?
I carried you in my womb for nine life-threatening
months
I gave birth to you
I nourished you
I gave you my own breast
I cleaned your nostrils and even your …
I raised you
I brought you up
Alone, single-handed
Your father having departed rather too soon
And today you stand here and point a finger at me
You stand here and dare to raise your voice at me.

It's a curse upon you
My own mother, bless her
Oh no! Never did I talk to her the way you talk to me
She was strict, nay wild
She beat us and pulled our ears
She did that at the least opportunity
But never did I raise a finger at her
Who was I to compare with my mother?
Let alone raise a finger at her
Or shout at her?
So, just who do you think you are?

126. Terrassé

Ma Chérie
Je suis au banc
Au banc des accusés
Las, ivre.
Je veux composer un poème pour toi
Et veux qu'il soit beau comme toi
Pourtant pour l'instant
Je ne trouve que la première strophe.

127. Interloqué

Mon corps est trempé
Humide
Mes yeux sont mouillés
Je suis bouche bée
Je crie mais ne sors aucun son
Pourquoi m'as-tu dénoncé?
Tu m'as désavoué
Tu m'as vendu
Tu m'as vendu au plus offrant
Etais-je si moins cher?

128. Dead end

I know she's trouble because I passed her at the front gate
It's not because of her pastas
If she is contemplating wrong footing the security guy
Then she's got it all wrong for
Ray's lost the pass word
So, no one can concoct anything any more.

129. Making a point

It wasn't I who knocked over the bucket
For a man whose arm has been numb for years
I could only have got to the threshold
That's why I'm still dictating notes.

Even with glasses, I can never see the socket
Let alone the vale of tears
It would take a footman and one who is bold
To work out exactly who ate the antidotes.

30. Entre nous

Je suis fébrile
Déconnecté et décortiqué
En plus, j'ai envie de te voir rêver
Je veux te voir
Je veux te revoir
T`entendre.

T'écouter
Te toucher
te caresser
T'embrasser
…à la bouche
Alors, lève-toi et viens vite !
Je te connais.

131. Navigation à vue

Je n'ai ni raisins, ni tickets pour le Trocadéro
Comment peux-tu me parler du Louvre
Ets –ce qu'on s'y rend comme ca, ma fille
Bredouille et bras ballants?

Non je vais demander à Maman Véro
Macao, vin de palme, morceaux de cuivre
Je commencerai par La Bastille
Et toute seule je découvrirai tous les sites saillants.

132. Woman as one

When early on a market day
One by one village women march past
Making a mockery of the women in trousers
Are we to give them seats or egg them on?
Never mind what the men think.

133. Personnel en détresse

J'entends bien tes frémissements
Tes cris de détresse
Tes grondements fous.

Pourtant je n'y peux rien
J'ai les mains liées
Et la bouche scellée.

134. Maggie's footsteps

She hasn't returned
She hasn't ever written
And I'm not surprised
Because she left with her hand bag.

She also took the tray that was burned
Just to spite her kitten
But today, look how her tooth is prized
That's why we brought out the sandbags.

135. Marooned

I have waited long enough
In fact for too long
Far too long
The last birds have flown.
And the flags are at half-mast.
Life here is very rough
And nowhere do I hear a love song
Only the hapless age-old gong
If only I knew my baby had grown
Would I still be an outcast?

136. Les sans voix

Tu me parles du spectacle?
Mais franchement, je n'en sais rien
Je n'ai rien, sauf le tampon du DAG
Et le parapheur du ministre.

Pourtant, qu'on le veuille ou pas
Nos cris d'angoisse
Nos battements de Cœur
Tous seront aussi entendus aux Champs Elysées.

137. Mon lot de soucis

Trop souvent j'entends à partir de ma chambre
Et à des heures pas très catholiques
Des voix de silhouettes nébuleuses, chagrinées et
dépitées.

C'est souvent dans le brouillard
A l'heure de la sérénade dans la nuit
Lorsqu'il n'y a pas de marchands de journaux
Ni d'arbre décapité
Ni de passant épileptique
Ni de femme trop pressée pour aller chercher les enfants.
De quoi s'agit-il? Remords posthumes encore ?
Qui faire?

138. Femme fatale

Et demain, au fond
 Que feras-tu?
Que diras-tu
Tu te dis inattaquable
Imprenable
Inaccessible
Inabordable
Impénétrable
Protégée
Bardée
Cuirassée
Patronnée
Mais de quoi?

Oublies-tu qu'après tout
Tu es issu de Batoufam
Comme de Makari
Et de Zoétélé?
Comment peux-tu donc te libérer?
Tu es meuble par destination

ssaillie par des espaces feutrés
Des flambées de prix folles
Des désirs partiellement inassouvis et totalement
Inachevés
Tu as des pouvoirs morbides
Tu es la femme fatale
Car c'est toi qui l'incarnes
Carrément et totalement.
Qui se sent morveux se mouche.

139. End time

That 'anything' is confusing
And I'm being honest
Weren't it for the white socks
I'd have skipped three months
But now that the albatross
At last dangles around my neck
I fear the die may be cast already.
My fate is sealed

140. La Cellule
(Bruits de botte d'un mari ivrogne qui rentre chez lui tard)

Moi, je veux enfermer quelqu'un
Aujourd'hui
Aujourd'hui même
Je vais enfermer quelqu'un
Que ce soit mon voisin ou mon épouse.
Ca fait quoi?
Mais je sais que je vais enfermer quelqu'un

Aujourd'hui
Tant pis pour les jaloux.
Sortez-moi tous ces paniers-ci
Je dis eh? Est-ce que je parle à moi-même?
La femme-là est où?
Où qu'elle soit, qu'elle sache que je vais l'enfermer.

Sors de là, imbécile!
Je vais te fermer
Je vais te fermer aujourd'hui
Pas demain
Demain c`est trop tard
Ouvrez-moi cette foutue porte !

(Il cogne. Personne ne répond)

Je vais aussi fermer cette porte
Cette foutue porte qui refuse de s'ouvrir
Je vais…. Je vais….
(Il s'écroule devant la porte et commence à ronfler).

141. The eccentric woman

Tears stream down her face
She mumbles something
"The man stepped on my toes"
She seems to be saying.

She looks bewildered
Her complexion, texture and physiognomy
Looking drained, sapped and finished

We have no idea what man has stepped on toes?
But the woman is still there, praying.

Woman as equal partner
Femme, partenaire à part entière

« Love your neighbour as you love yourself". Mathew 22:37-40»

"Tu aimeras ton prochain comme toi-même." Mathieu 22:37-40

142. Unity as strength

Why are we so many, yet so few?
Or do we mistake each other for catechists?
Men say we are conspirators
Are we not their mothers, sisters and wives?
We are indispensable.

143. Conquête

Femme Camerounaise
Produit haut de gamme
Œuvre façonnée par le tout-puissant
Homme par excellence et de surcroit
J'admire ta forme et ton allure
J'admire ton courage.
Ton ombre en or me foudroie et m'absorbe
Je suis réduit, dépassé,
Je me rends à toi
Totalement et sans condition
Tu es plus forte que moi.
Je suis à toi
Je suis ton valet
Si tu veux, ton esclave
Alors, prends-moi et fais de moi
Ce que tu voudras
Tout ce que tu voudras.

144. Devoir de femme

Partir à deux ?
Et moi, je préfère autre chose
Non, toi et moi ça ira
On partira tout de suite
N' importe où
A condition qu` on parte
Il est vrai que j'ai les gosses, oui
Mais j'ai aussi un mari
Et je l'aime.
J`ai déjà chargé le pannier.

145. Message for our men

I'm in a hurry although I may not have a plane to
Catch
But I have a message to deliver
It is a message for the men folk
One that has serious undertones.
A message for our men
From Goulfry to Yokadouma
From Akwaya to Batouri
This message is for all Cameroonian men
Married or single
Young or old
Employed or jobless.
Gray or bald
We the women of this country
Want our say in national affairs
We want to take our place among men
We want to stop playing second fiddle

To stop being subordinated wherever we are
To be the bread winners
While you claim the credit
We no longer want to be sold in marriage.

The times have changed and are changing still
Let our men take note
We ask for equality
Treatment as equal partners
This is a partnership, please, know that!
We are not seeking to dominate
So have no fears.

We are capable
We have brains
We are patient and enduring
Our part in running the home is substantial
In fact, we are the driving force
We can match you
Just give us our fair share
And a level playing field
And you will see of what stuff we are made.

146. Gender breakdown

Did you tell me about it?
You just went ahead and did it
Darling, you didn't share
Marriage is all about sharing
Now that you barked up the wrong tree
Simply because you acted alone
Single-handed, unilaterally
What are you going to do?

This is not the first time you're doing it
And each time it looks like you faked it
You don't consider my fair share
Now that we're back to square one, bleeding
When shall we break free?
Why have you always treated me like a cone?
We're hurt fatally
What are we going to do?

147. Epreuve de force

Regarde-moi
Regarde-moi dans les yeux
Et dis-moi la vérité
Montre-moi tes tendances félines
Montre-moi tes monères carnassières
Ton goût barbare, féroce et macabre.

Ton appétit vorace et démesure.
Quoi qu'il en soit
 Sache que tu ne me feras pas peur
Je suis déjà vacciné
Inoculé
Et immunisé
Le vaccin c'est
L'amour, ce grand amour cet amour
Que je ressens pour toi
Je t'aime et je t'aimerai toujours.

148. My solemn right

I have the right to sneeze
But what I won't do is freeze
If my joystick sinks
Then I lose my cuff links.

149. Entre deux chevaux

J'irai jusqu'au bout du tunnel
Même s'il faut marcher seul
Mais je ne toucherai pas au minutieux travail
D'orfèvre
De peur de souiller la pendule de la Bruyère.

150. Devoir matinal

Demain matin, et très tôt aussi
J'irai voir le curé
Je lui dirai tout
Je lui dirai que le soleil a refusé de se lever
Et que la lune a refusé de briller
Et que papa a encore battu.
Ensuite?
Je prendrai le chemin du désert de Kousseri
Et même si la torche est torchée
Je réciterai sept fois le mot, `nous`
Et d'un bond, un seul bond renforcé
Sciemment, je brûlerai les étapes
Justice sera donc faite, comme au temps d'antan.

151. His Waterloo

He has gone
He went a long time ago
Not with the wind
But the neighbour's wife.
He was weary of living alone
But by doing so
He has broken his hind
Henceforth he must live with strife.

152. Why I run

I hear a voice
It is lost and unleashed
Yesterday it was muffled and gagged
Today it's only a shadow of its old self.

I want to make a voice
To show the world I'm unabashed
That even if I'm egged
I won't be exhibited on the shelf.

153. Classe privilégiée

Je suis l'agneau de Dieu
Esprit du feu
Je vis parmi d'innombrables étoiles dorées
Qui prennent en otage le vieux sans parasol.

Cette nuit à minuit pile

Lorsque baillera mon mari
Je saurai que ma progéniture est sauve
Et Dieu me comprendra.

154. Appel aux femmes
(A Estelle)

Moi, femme
Microcosme au macrocosme
Je m'adresse à mes semblables
A l'occasion de cette grande journée
Je viens auprès de vous
Vous saluer toutes
Et me rapprocher de vous tout le temps
Car comme on dit, qui se ressemble s'assemble
Le chien aboie et la caravane passe.

La femme n'est pas une lame
C'est une âme avec sa part de spasmes
Elle est fille, sœur, épouse et mère
Mais sûrement pas une sinécure dans un monde fou
Seulement pour rester soudée et éviter la voûte
Soyons soumises mais pas sans ahan
Dans l`ombre, au culte, aux réunions ou à table
Ainsi, il n'y aura pas de casse.

155. Le sexe faible

La femme n`est pas une pièce théâtrale
Elle n'est pas exhibitionniste
Elle ne connait pas forcément la chambre de
Baudelaire
Elle vit dans son petit monde de jouets
De ludisme
De badinage
De manège

Et de secret de fabrication.
Mais attention
Elle connait tout sur les musés de l'Antiquité
Elle est douée d'une volonté surhumaine
Et comme la Sainte Vierge
Elle fait preuve d'une foi dure comme le fer |
Elle dépasse son homologue masculin de loin
Mais par modestie inouïe, elle ne l'avouera jamais.

156. Off on a limb

I'm out at last
Out in this whole wide world
Out walking tall and free
And taunting the woman lilies.

If it wasn't for the haunted flag
I would be off once more
Like the famous Fulani herdsman
Just to test the ebbing waters.

157. The toothless dog

(For Fofoya Ali Joseph)

I must strike a balance
By all means, not later than today
Go and tell him that.
Tell him to stop his slander
I have been there before
I have seen it all before
So let him stop that his choir
Let him cut it out.
Let him come clean.

For a pint of beer
That man would sell
 His soul to the devil
He has never cared about anyone
Not even when we were at the women's meeting
We heard his sound bites
His curly and velvet sights and sounds
He is nothing but a toothless dog
I know him well.

158. Full steam ahead
(For the girl in haste)

I'm in a hurry
And it doesn't matter if in my mad haste
I knock down the king's jewels
I'm a hot potato
Hotter than fire
So, beware.

For your sake, avoid my fury
Otherwise you'll live to rue the taste
Although in black, I am not Orson wells
If you doubt me, just look at this hoe
So even if you wheel out the lyre
I won't change my gear.

159. Mobilisation

Femme du Cameroun
Femme d'Afrique
Femme du monde entière
Unissez-vous
Parlez d'une seule voix
Car c'est l'union qui fait la force.

Mais jetez vos gants de velours
Oubliez vos vestes sans boutons
Ignorez la voie lactée
Prenez juste vos bibles
Ou vos corans.
Ca va aller.

160. Seul à Compiègne

J'ai vite crié
Je ne suis pas une femme
Non, je vous dis que je ne suis pas une femme
Mais ma sœur est une femme
Mon épouse, une femme
Ma mère, une femme.

Trop souvent je réentends ces cris-là
Des cris de réprobation angoissée
Attribuées aux choses des pauvres
Tout simplement parce qu'on a fait un faux pas
La seule planche de salut
C'est cette fuite en avant.
J'ai envie de composer des vers
Pour cette belle créature, ce chef-d'œuvre du seigneur
Je vais lui sculpter quelque chose
Lui fredonner la chanson de Roland
Lui offrir la messe de minuit
Et en plus réserver deux places au Trocadéro.

161. Victim of circumstances

(Protest over male domination)

Oh Cameroon, land of our ancestors
Do you hear you daughters cry out to you?
We have lost our bearings and
No one will help us look
We are stranded.

When we go to a meeting
We find all the chairs are taken
And we are left out in the cold
Like second class citizens.

When it's dark and we light the candles
They reach out and put them out
They say we used the wrong matches
And in their place, they plant plantain suckers.

They even threaten to shorten our lives
Unless we remove the 'wo' from 'women'
And simply become 'men'
But why? Why, lord?

162. Rude épreuve

Je ne regrette rien
Je t'aime et je t'aimerai toujours
Te t'ai fait à manger
J'ai lavé ton linge
Je me suis investie totalement
A la besogne, à la corvée, à l`esclavage

Mais je ne me suis jamais plainte.
Cette fois-ci je vais y aller
Et à toute allure
Je vais me gourmander
Sans réserver au préalable
Je serai absente
Pour un jour
Et juste un jour
Et tu verras la différence
Tu reconnaitras ma valeur.

163. An odd question

You left me, alone
With our girl of two
You walked out on us
Without leaving a forwarding address
It's been fifteen years
Fifteen long and painful years.

Today, you come back suddenly
And unexpectedly
And dare to ask me
Where these other children are from?

164. Femmes damnées

Nos femmes souffrent
Elle souffrent beaucoup
Victimes de la sous scolarisation déjà
Elles font objet de mutilation génitale
Et de mariages précoces et forcés.
A la maison, leurs maris les confinent à la cuisine
Aux réunions du village
Elles se voient confier
Les postes subalternes
Mais le jour du dernier jugement
L'homme sera pris au dépourvu
Car le bon dieu fera entrer
La femme avant l'homme
Seul dieu connait
La valeur de la femme.

165. La lute d'une fille opprimée

Salut
Je m'appelle Aiche
J'ai 24 ans et je suis licenciée en sciences éco
Je suis cadre
Il y a une semaine j'ai été nommée déléguée
Départementale
Mon père a été la première personne à me féliciter
L'installation c'est jeudi.
Mais à quel prix !

166. My ten dollar question
(For Susan, the Lady with the Second Lamp)

I don't know what to say
Neither do I know what to tell
If it all depended on me, frankly
I'd pick up the motor axle and shaft
And without switching off the lights
Turn the chief's men on their axis.

If they decide to pray
Then who'll go to hell
George Bush alone innocently?
Did Saddam not perish on a raft?
Even so, are there still no more bites and fights?
That's why all that matters now is praxis.